El Señor salva

Estudios bíblicos devocionales sobre Isaías 40-55

Arturo Truenow

Editorial Concordia

Editor: Héctor Hoppe
Diagramación: Natalia Etienne
Portada: John Krus

Todos los textos bíblicos son de Dios habla hoy, copyright © Sociedades Bíblicas Unidas, 1966, 1970, 1979, excepto donde está indicado de otra forma.

Propiedad literaria © 1997 Editorial Concordia, 3558 South Jefferson Avenue, Saint Louis, Missouri, 63118-3968. Impreso en los Estados Unidos de Norteamérica.

La impresión de *El Señor salva* ha sido posible gracias al apoyo económico de la Junta de Misiones de la Iglesia Luterana-Sínodo de Misuri.

Derechos reservados. Ninguna parte de esta publicación debe ser reproducida, almacenada en un sistema de recuperación, o transmitida en alguna forma o por algún medio, electrónico, macánico, fotográfico, grabado, u otra forma, sin primero obtener permiso escrito de Editorial Concordia.

1 2 3 4 5 6 7 8 9 10   05 04 03 02 01 00 99 98 97

Contenido

Introducción 5
Estudio 1: Dios tiene poder para consolar a su pueblo 7
Estudio 2: Fijemos nuestra mirada en Dios 9
Estudio 3: El eclipse de un nuevo éxodo 11
Estudio 4: Pertenecer a Dios para permanecer con vida 13
Estudio 5: Datos demasiado concretos como para no creer 15
Estudio 6: Así pasa la gloria del mundo 17
Estudio 7: Propaganda en contra 19
Estudio 8: Para toda la vida 21
Estudio 9: El Siervo sufriente 23
Estudio 10: Es hora de despertar 25
Estudio 11: Un siervo que escapa a nuestra lógica 27
Estudio 12: Un pacto de gracia para todos 29
Estudio 13: ¡Salgan ya! 31

Introducción al libro de Isaías

Con la muerte del rey Uzías, aproximadamente en el año 746 a C., comienza el ministerio de Isaías en el Reino de Judá; coincidiendo con el inicio de un período de unos 150 años de decadencia de este pueblo, hasta que cae en manos de Nabucodonosor y es deportado a Babilonia.

El nombre Isaías significa "el Señor salva", y sirve muy bien para aludir al contenido de su mensaje profético.

Los capítulos 40 a 55 que vamos a estudiar corresponden a la segunda parte del libro de Isaías, que es llamada comúnmente "Libro de la consolación". Esta parte está dirigida a las personas que vivieron 200 años después que él en Babilonia, durante el destierro. De esta manera, Dios se adelanta a los hechos *anunciándolos*, con lo que una y otra vez demuestra ante los ídolos y las naciones ser el verdadero Dios. Con el objetivo de simplificar la redacción, trataremos al profeta y al pueblo destinatario como contemporáneos.

Para sacar un mayor provecho de la lectura de este material, valga este consejo: cuando se encuentre con alguna pregunta o cita bíblica, detenga la lectura del mismo hasta haber encontrado la repuesta o haber leído la cita.

Isaías 40 ▶ Estudio 1

Tema: Dios tiene poder para consolar a su pueblo

Introducción:
Cuántas personas con vivencias infelices, desagradables, se encierran hasta el punto de no creer que hay una solución para su problema y viven sumidos en el desánimo y la desesperanza. Uno quisiera zamarrearlos y gritarles para que salgan de ese encierro. Veamos qué hizo Dios con su pueblo, que pasaba por una situación similar.

Desarrollo:
Es conveniente que antes de analizar este mensaje de Dios a su pueblo, nos detengamos un poco en la situación de éste. Dios se dirige a Israel que iba a estar exiliado, desterrado en Babilonia. Sí, leyó bien, *iba a estar*; porque fueron palabras reveladas por Dios unos 200 años antes de que los hechos realmente ocurrieran. En este detalle ya podemos apreciar la grandeza y misericordia de Dios: para cuando el pueblo estuviera enfermo de desesperanza, podría comprobar que hacía tiempo ya tenía el remedio a su disposición. Por su contenido, y por los datos que podemos obtener de todos estos capítulos, este mensaje encaja en la última parte de este destierro que duró entre 60 y 70 años.

El capítulo 40 está claramente dividido en dos partes. Vamos a leer con mucha atención la primera, los vrs. 1-11. Aunque en menor escala, tal vez usted haya estado en una condición parecida a la de este pueblo: alguna deuda muy grande, problemas con su empresa, o alguna otra situación en la que estaba como atado -sin libertad-, con todo tipo de obstáculos en el camino, muy desamparado y desesperanzado. ¿Cómo puede, entonces, describir el mensaje que encuentra en estos versículos?

Prestemos atención a los siguientes detalles y preguntas:

El castigo quedó atrás. Lo que ahora viene es la consolación. Es voluntad de Dios que este mensaje se transmita. La palabra de consuelo va dirigida a donde hay más dolor: al corazón. Así comienza esta parte del libro de Isaías.

Aparte de las palabras "consuelen, consuelen", ¿qué expresiones encuentra en estos versículos que reconforten y den cuenta de un futuro nuevo y promisorio para el pueblo?

A la voz que grita (vr. 3) obedeciendo la orden de Dios en el vr. 2, la vamos a identificar con la voz de Isaías.

El desierto, que fue tan duro cuando tuvieron que atravesarlo en su ida a

Babilonia, ahora es un camino que da gusto transitar, un camino sin obstáculos, sin enemigos que entorpezcan el retorno. Es más, hasta los mismos enemigos, como veremos más adelante, ayudaron al retorno.
En los vrs. 6-8 encontramos otra fuente de consuelo: aunque las generaciones pasen y hasta pierdan su memoria, Dios nunca se desdice de su promesa y compromiso para con su pueblo.
En los vrs. 9-11 nos encontramos con la "Gran Comisión" del Antiguo Testamento. ¿Cuál es el contenido de la buena noticia o *evangelio* que debía ser anunciado?

Leamos ahora los vrs. 12-31. El exilio fue un tiempo de muchas preguntas para la nación de Israel: ¿Se había olvidado Dios del pacto hecho con Abraham y David?, ¿había abandonado para siempre a su pueblo?, ¿tendría el poder suficiente como para darles libertad?; eran algunos de los interrogantes. A través de las siguientes preguntas queremos descubrir si estas dudas tenían o no algún fundamento: ¿Qué atributos de Dios podemos encontrar en todo este pasaje? ¿A qué obra de Dios recurre Isaías y por qué es tan importante recordarla en esta situación? Cuando nosotros hacemos las mismas preguntas que Israel se hizo en el cautiverio, ¿es comparable nuestra dificultad o sufrimiento con la de aquel pueblo? En situaciones difíciles, ¿qué actitudes y conductas nos lleva a tomar nuestra fe en Dios?
Después de leer estas palabras nos convencemos de que Dios tiene todo bajo control, ningún detalle se le escapa, es verdaderamente poderoso, es incomparable; es un Dios que se interesa por nosotros, que toma nuestra debilidad y nos ofrece su fuerza (vr. 31).

Conclusión:
En un mundo acostumbrado a dejar en el suelo a los caídos y desanimados, nos encontramos aquí con un Dios que manda a sus siervos a consolar, levantar, restaurar a aquellos que por su pecado habían quedado en aquellas condiciones. Esa gente recibió una clara evidencia de que Dios seguía siendo el Dios de ellos y que no los había abandonado. En Cristo, también nosotros la hemos recibido.

Pensamiento para la oración:
Demos gracias a Dios por cómo es él (recordar algunos de los atributos que vimos), y por el poder que tiene de revertir nuestra condición de pecado, debilidad, y desconfianza.

Lectura adicional sugerida:
Mateo 9.35-38; Romanos 11.33-36

Isaías 41 – 42.1-4　　　　　　　　➠ Estudio 2

Tema: Fijemos nuestra mirada en Dios

Introducción:
Hay personas que cuando se enferman consultan por remedios a medio mundo: a la vecina de los remedios caseros, al médico y hasta al curandero. Pero después se encuentran ante este dilema: ¿a quién le hago caso? El pueblo de Dios, por no fijar su mirada únicamente en él, llegó a preguntarse ¿a quién le creemos?

Desarrollo:
Leamos el capítulo 41 y 42.1-4. El drama que Dios tiene con su pueblo en Babilonia se presenta complicado. Israel se encontraba bombardeado desde distintos frentes con mensajes sumamente atractivos que ofrecían una "solución" para la esclavitud que estaba padeciendo. Como el poder de Babilonia (los caldeos) estaba disminuyendo, otras naciones se alzaban con la pretensión de ser los dueños del mundo. Por otro lado, había muchos dioses que tenían buen "rating" entre las naciones y tentaban a confiar en ellos.

Para poner en evidencia sus falsas pretensiones, Dios entabla un verdadero proceso judicial con las naciones y los ídolos. Prestemos atención a los vrs. 1-5 y 21-29. ¿Encuentran una estructura similar en ambos párrafos? Tratemos de establecer a qué versículos corresponden -en cada pasaje- estas tres etapas: a) invitación o convocatoria, b) censura o desaprobación por falta de elementos para pretender tanto, c) veredicto: declaración de quién es el verdadero Dios. ¿Qué elemento aportado en este juicio es el que prueba quién es el verdadero Dios? ¿Qué cosas nos tientan hoy como congregación para que desviemos nuestra atención de Dios?

El drama ha quedado bastante despejado: las naciones y los ídolos ya no tienen nada que ofrecer, las primeras no son nada al lado de Dios y los últimos ni siquiera existen. Veamos ahora qué hace Dios con su pueblo para que éste deposite su confianza en él. Prestemos atención a los vrs. 8-16. Por lo que Dios le dice a Israel, ¿cómo podemos describir el estado en el que se encontraba? ¿Qué seguridades le da Dios a un pueblo que le había vuelto la espalda y se le había rebelado en su contra? ¿Qué le permite a Dios actuar de esta manera? De la serie de verbos que aparecen en este pasaje, ¿cuáles de ellos se repiten mayor cantidad de veces? A pesar de la debilidad y pequeñez del pueblo, ¿en qué se convertiría con la ayuda de Dios? Si Dios enviara hoy un mensaje específicamente para su congregación, ¿qué características tendría el mismo?, ¿en qué aspectos pondría más énfasis?

Notamos que no era un Dios extraño el que les hablaba, era el mismo Dios de sus antepasados Abraham y Jacob, a quienes menciona y con quienes había hecho una alianza, y una vez más les mostraba que se mantenía fiel a la misma. Esa alianza o pacto se cumpliría de manera definitiva con Jesucristo, presentado aquí como el "Siervo del Señor." Leamos nuevamente 42. 1-4. Nos encontramos con el Padre que habla, el Espíritu Santo que es dado, el Hijo que es ungido para traer justicia por medio del perdón (vr.1). Para esto, su ministerio sería silencioso, subterráneo, alejado del centro de poder (vr.2). Ver: Marcos 1.40-45; Mateo 12.15-21. Realizaría un servicio de respeto y compasión. Donde haya algo, un poquito de fe, la fortalecerá (vr.3). Ver: Mateo 9.35-36; Lucas 7.11-17. No interrumpiría su labor por los problemas, aunque estos sean cada vez más pesados (vr.4). Ver: Lucas 22.39-46. ¿Cómo calificaríamos el ministerio de nuestra congregación: silencioso, exhibicionista, ruidoso o demasiado silencioso? ¿Qué ejemplos de compasión y respeto se dan en nuestra congregación? ¿Qué hacemos cuando asoman problemas -económicos, divisiones, falta de resultados, etc.- en nuestra congregación?

Conclusión:
Hoy todo el mundo quiere una solución rápida a su problema, y como cristianos muchas veces nos plegamos a este requerimiento. En el apuro, no siempre lo que se nos ofrece es la solución. En cambio, en momentos así, Dios siempre nos asegura que está con nosotros, nos presenta a su siervo Jesucristo como la fuente de solución, y nos muestra una postal de nuestro futuro mejor, como se la mostró aquella vez a su pueblo (41.17-20).

Pensamiento para la oración:
Demos gracias a Dios porque nos asegura con insistencia que en ningún momento nos abandona. Pidamos por orientación para que siempre fijemos nuestra mirada en Jesús.

Lectura adicional sugerida:
Hebreos 12.1-12; Isaías 42.5-17

Isaías 42.18 – 43.1-21   ⟶ Estudio 3

Tema: El eclipse de un nuevo éxodo

Introducción:
En este mundo que cambia vertiginosamente, todos los días aparece un producto nuevo, con tantas virtudes como para que uno se olvide del anterior y hasta le dé vergüenza usarlo. Si nos fijamos en las etiquetas de los productos, la palabra común a casi todas ellas es "nuevo". Tenemos un Creador que no se cansa de hacer cosas nuevas, las hizo por aquel pueblo y también las ha hecho para nosotros.

Desarrollo:
En el estudio anterior, los cartuchos eran descargados sobre las naciones y los ídolos. En éste, Dios se descarga contra el mismo Israel. Leamos 42.18-25. ¿De qué los acusa y qué es todo lo que les reprocha? A pesar de esto, ¿qué sigue siendo Israel para Dios? Dado que el pueblo había acusado a Dios de ser ciego y sordo, porque no se daba cuenta de la miserable situación en la que aquel se encontraba (40.27), Dios se encarga ahora de poner los tantos en su lugar.

No es nada rara la conducta que adopta Israel. Se cumple el dicho: "No hay peor sordo que el que no quiere oír". Como no quiere reconocer que no siguió el camino señalado por Dios, ni obedeció su enseñanza; se hace el desentendido y no encuentra explicación para lo que le pasa. No busca para nada la causa en él mismo, sino que la ubica en Dios: él tiene la culpa. Tal vez podemos preguntarnos aquí si el pueblo tenía elementos suficientes que le permitiera entender la situación. Saquemos nuestra conclusión después de leer Jeremías 6.22-30 y 27.1-8. Dios sabía muy bien que el pueblo iba a crecer poco si volvía del destierro sin saber o reconocer para qué había ido al mismo. ¿Hemos pasado por vivencias similares? ¿Entendimos por qué y para qué permitió Dios que pasáramos por esas situaciones?

Así va preparando el Señor a su nación para que la vuelta a casa no sea solamente eso, sino una verdadera liberación y oportunidad de crecimiento. Hacia ese propósito apunta el contenido del cap. 43.1-21. Por motivos de mucho peso, el pueblo de Israel estaba llamado a confiar en Dios como su *redentor:* en primer lugar, a pesar de que estaba preso, seguía siendo el pueblo de Jacob, el mismo que Dios había creado; seguía siendo propiedad de Dios, quien continuaba llamándolo por su nombre (1). Aparte de haber sido creado, Israel era un pueblo adquirido por Dios: a cambio de su libertad, de su *reunión,* no sólo Babilonia, sino la poderosa nación de Egipto habían sido sometidas (3-7). ¿Cuál era el motivo para que Dios actúe así con su pueblo? ¿Qué características tenían la ayuda y la presencia de Dios en su pueblo, según el vr. 2? En segundo lugar, a pesar de la ceguera y sordera, el pueblo de Jacob sirvió al propósito de ser *testigo*, ante las demás naciones, de que sólo Dios predijo los sucesos ocurridos y por ocurrir; con lo que se confirmaba que él era el único Dios verdadero (8-15). En tercer lugar, y para que no queden dudas del poder redentor de Dios, se le anuncia estas palabras. Leamos con atención los vrs. 16-21. Le pide que compare un hecho ya ocurrido y del que tiene memoria, con uno por ocurrir pero ya anunciado. ¿Cuál es el primero de ellos, al que hacen referencia los vrs. 16-17? El éxodo de Egipto era el evento salvador por excelencia, en el que había desplegado su poder de manera magnífica. Se lo recordaba en la fiesta de la Pascua y en la fiesta de las Cosechas. Fue el hecho que marcó las páginas del Antiguo Testamento y era algo así como *incomparable*. Pero Dios sorprende: "voy a hacer algo nuevo" que va a eclipsar lo antiguo. ¡¿Cómo?! ¿Un éxodo más espectacular y glorioso que nos haga olvidar del antiguo?, se preguntaban asombrados. Así es, los detalles lo confirman: el instrumento para sacar al pueblo de Egipto fue Moisés, miembro del mismo. Más adelante veremos quién fue el instrumento para la salida de Babilonia. Lo que aquí interesa es que era rey de la nación enemiga y dominante. ¿En calidad de qué llegó el pueblo a Egipto y en calidad de qué a Babilonia? ¿Cuánto tardó el regreso del primer éxodo y cuanto el del segundo? (Ver Esdras 7.8-9). Por la manera en que se describe aquí el regreso desde Babilonia, ¿qué diferencias hay con el viaje desde Egipto a la tierra prometida?

¿Hasta qué punto creemos en el poder creador y renovador de Dios, en su sorpresa? ¿Hasta qué punto creemos que así como actuó, sigue actuando e intercediendo por nosotros hoy? ¿Hasta qué punto creemos que nos puede *salvar* de situaciones difíciles que podemos estar viviendo?

Conclusión:
Dios demostró que no es ningún sordo o ciego, sino que vive haciendo cosas nuevas para sus hijos. En Cristo, hasta nosotros mismos somos "nuevas personas."

Pensamiento para la oración:
Demos gracias a Dios porque su poder para sorprendernos con cosas nuevas es inagotable. Pidámosle por aquellos aspectos de nuestra vida que necesitan ser renovados.

Lectura adicional sugerida:
2 Corintios 5.16-21

Isaías 43.22 – 44.1-23   ⟶ Estudio 4

Tema: Pertenecer a Dios para permanecer con vida

Introducción:
Grandes diferencias son las que vamos a encontrar a lo largo de estos versículos. La de un Dios fiel y perdonador frente a un pueblo que se va tras los ídolos. La de un Dios único y sin igual frente a dioses creados que no son nada.

Desarrollo:
Como el estudio anterior, éste comienza con un reproche de Dios hacia Israel. Los invito a que lean 43.22-44.1-5 y consideren estas preguntas: ¿A qué época histórica del pueblo se está refiriendo Dios en el cap. 43? ¿Qué les reprocha en esta oportunidad? ¿Cómo se encontraba Dios en su relación con Israel? ¿En qué terminó la nación por causa de su pecado? A pesar de ser un Dios fiel, creador de su pueblo y salvador en tantas oportunidades, de ser un Dios de misericordia y perdón, un Dios que les regaló una tierra con muchas riquezas naturales; el pueblo una y otra vez mostró su ingratitud. En vez de ofrecerle holocaustos, sacrificios y ofrendas, se las ofrecía más bien a los dioses falsos que nada habían hecho por él. Como referencia de esta realidad, leamos Jeremías 2.1-8 y 7.16–8.1-3. Otra vez Dios les muestra con claridad que el sufrimiento que estaban padeciendo en Babilonia era responsabilidad exclusiva de ellos. ¿De qué manera le mostramos a Dios *nuestra* gratitud en la vida cotidiana? ¿Cuáles son todas las maneras de expresar la gratitud a Dios en nuestra congregación? Una pregunta para los actuales maestros de Dios: padres, pastores, maestros, líderes congregacionales, ¿en qué consistiría rebelarse contra Dios hoy?

Una estructura similar se dio en el estudio anterior, al punto que ambos capítulos -el 43 y el 44- comienzan de manera muy similar. "Ahora", dejando atrás el pecado de Israel (43.25), Dios promete actuar a favor de su pueblo. Como resultado de esa acción, el pueblo (con gusto, con sano orgullo) querrá ser propiedad de Dios. Notemos en 44.5 las distintas maneras que utilizarán los miembros del pueblo para expresar su pertenencia al Señor. ¿Hasta qué punto nos damos a conocer con gusto, con orgullo, como cristianos? Una famosa tarjeta de crédito tiene como eslogan "Pertenecer tiene sus privilegios." ¿Qué privilegios tenemos nosotros por pertenecer a la iglesia de Jesucristo?

Vimos al comienzo que uno de los motivos importantes del cautiverio en Babilonia había sido la infidelidad del pueblo de Israel hacia su Dios. Y la tentación estaba a la vista: confiar para la liberación en los mismos dioses que le quitaron la libertad. Para que no cometan esta torpeza, Dios enfatiza ser el único, y quien se encarga de desnudar a los falsos dioses. Leamos 44.6-23 y consideremos estas preguntas y pensamientos:

¿Qué motivo tenía Israel para creer que Dios era sin igual y verdadero?
Los que crean y creen en ídolos entran en un proceso de anulación y terminan siendo lo que son sus dioses: nada (9).
¿Qué otras características le atribuye Dios en el texto a los que creen en ídolos?
El forjador de un ídolo gasta fuerzas para crearlo y éste ni siquiera le sirve para reponerlas, sino que para ello tiene que recurrir a la comida y el agua (12).
El creador adora su propia creación. ¿Qué puede hacer un dios hecho, y más teniendo en cuenta la condición (ser humano) de su fabricante?
Notemos el "elevado valor" del material con el que está hecho el ídolo: de la misma madera con la que el hombre se calienta, asa carne y coce el pan. En definitiva, lo que se consigue es tener menos calor y menos comida.
Ante dioses que no pueden hacer nada, ¿qué es todo lo que ha hecho Dios por su pueblo? (21-23).
¿Qué quiere Dios; ocupar el primer lugar en nuestra vida o toda nuestra vida? ¿Qué cosas creadas se convierten en dioses de la gente en la actualidad? (Mencionar las principales). ¿Existe el cristiano idólatra?

Conclusión:
El sentido de pertenencia es de suma importancia para la vida sana de toda persona. Pero más importante es pertenecer a aquello que nos lleve a la vida y que no nos anule como personas. Ante todo, nosotros pertenecemos a Dios porque nos creó y nos compró. Es todo un privilegio que debemos dar a conocer para que muchas personas dejen de pertenecer a seres y cosas vanas.

Pensamiento para la oración:
Demos gracias a Dios porque él nos tomó como su propiedad. Pidamos que siempre ocupe todo nuestro corazón para que le rindamos culto únicamente a él.

Lectura adicional sugerida:
1 Reyes 18.15-40

Isaías 44.24 – 45.1-13 ⏵ Estudio 5

Tema: Datos demasiado concretos como para no creer

Introducción:
¿De quién esperamos ayuda cuando la necesitamos? Así como Elías recibió carne de los cuervos y comida de una viuda, Dios nos da su ayuda muchas veces a través de quien menos la esperamos. El pueblo de Judá tampoco pensó que su liberación provendría de aquellos que lo iban a dominar.

Desarrollo:
En contra de los ídolos y de las naciones, la argumentación predominante en estos capítulos de Isaías es que el verdadero Dios se demuestra como tal por las predicciones asombrosas que realiza. La porción bíblica del presente estudio tiene ejemplos concretos de estas predicciones. Leamos 44.24–45.1-13 y, en una primera aproximación, respondamos estas preguntas: ¿Qué datos concretos de la liberación de Israel podemos encontrar en todo el texto? ¿En qué versículos se enfatiza la realidad de que Dios es el dueño de la historia? ¿En qué versículos se enfatiza la realidad de que Dios es soberano en su manera de actuar?

Tratemos ahora de ponernos en el lugar de los deportados. De un lado tenían la palabra de Dios escrita en los rollos que pudieron llevarse a Babilonia; y entre los cuales se encontraba también el libro que estamos estudiando. Del otro, le llegaban las noticias de los grandes cambios políticos que se estaban sucediendo: la inminente caída del imperio babilónico que todavía los mantenía cautivos, y el surgimiento imparable del imperio persa. Imagínese la sorpresa de estos deportados al comprobar que los sucesos históricos que estaban ocurriendo se correspondían con los anunciados de antemano por Dios. (La estadía en Babilonia sirvió para que el pueblo se acerque a las Escrituras, casi olvidadas, y las estudie). Nada se estaba dando por casualidad, sino que todo estaba previsto dentro de los planes divinos. ¿En qué nos ayuda el ser conscientes de esta realidad? ¿Cómo calificaría los planes que Dios tiene para su vida? ¿Y los que usted tienen para Dios? ¿Qué sucesos anunciados por Dios están ocurriendo hoy?

Por primera vez se menciona el nombre de quien era el instrumento elegido por Dios para liberar a su pueblo. Similar función cumplió Moisés en oportunidad del Éxodo de Egipto. Ciro fue un persa exitoso. Proveniente de lo que hoy es el sur de Irán, de manera rápida e inteligente tuvo un gigantesco imperio bajo sus pies. Comenzó dominando a los medos, luego anexó Lidia (potencia de Asia Menor) y a otras naciones; con lo cual

Babilonia ya estaba rodeada y sola. En el año 539 a.C. la conquista sin siquiera luchar. La política de Ciro era muy distinta a las aplicadas hasta el momento por las naciones opresoras. Permitió que los pueblos sometidos volvieran a sus lugares de origen, respetó sus creencias religiosas, sus costumbres, y hasta les permitió tener una relativa autonomía.

Vamos a centrar nuestra atención en lo que el texto dice de Ciro. ¿Qué títulos le son otorgados? ¿Qué encontramos de extraño en el hecho de que Dios lo haya ungido? Investiguemos: ¿Para quiénes estaba reservado el ungimiento de parte de Dios? No porque fuera llamado "ungido" de Dios, Ciro fue más que Nabucodonosor o que los asirios que dieron fin al reino de Israel o del Norte. Con este título Dios le da *permiso* a Ciro para que actúe y ejecute su voluntad. Lo mismo ocurrió con Nabucodonosor unos años antes (Jeremías 27.1-8); y con el mismo fin preparó a Nínive (capital de Asiria), mediante Jonás, para que ejecute la voluntad de Dios de dar fin al reino del Norte. ¿En quién estaba fijando Dios su atención al elegir a Ciro como su instrumento? ¿Qué propósitos perseguía Dios con Ciro? Yendo un poco más adelante, ¿le habrá reprochado el pueblo a Dios por elegir como instrumento de salvación a un extranjero? ¿Qué le responde Dios?

Como cristianos, ¿qué diferencias y qué similitudes tenemos con Ciro? ¿Cuánto uso hacemos del permiso que Dios nos da para actuar como sus instrumentos en este mundo? ¿Usa Dios otros instrumentos para su causa en la actualidad? ¿Cuáles? ¿Podemos mencionar algún ejemplo cuando hemos reprochado la manera de actuar de Dios? ¿En qué pensamos cuando oramos "hágase tu voluntad"?

Conclusión:
¿Quién hubiera imaginado que aquel que "pisoteaba a los gobernantes como si fueran barro" iba a ser el instrumento utilizado por Dios para la liberación de Israel? Hemos apreciado que Dios, en su soberanía, utiliza a aquellos que ni siquiera son sus hijos para bendecir a quienes sí lo son. Es importante que abramos bien los ojos para ver estas acciones de Dios en nuestro favor, y las recibamos con humildad y sin reproches.

Pensamiento para la oración:
Demos gracias a Dios porque él nos ha llamado para que seamos sus instrumentos en el anuncio de sus obras maravillosas. Pidamos que nos dé una fe más flexible para que siempre podamos aceptar su voluntad.

Lectura adicional sugerida:
Lucas 10. 25-37

Isaías 45.14 – 47.1-15 ⮕ Estudio 6

Tema: Así pasa la gloria del mundo

Introducción:
"La mentira tiene patas cortas", reza el conocido dicho. Llega el momento en que el pueblo de Dios asiste al derrumbe de todo aquello que estaba fundado en la mentira, en la falsedad: las naciones, los ídolos, Babilonia.

Desarrollo:
Dividiremos el estudio en dos secciones: la primera, que abarca 45.14-25 y la segunda los cap. 46 y 47.
Hasta el momento, la advertencia contra la idolatría estaba dirigida fundamentalmente hacia la nación de Israel. Es momento que esa advertencia se extienda también hacia las demás naciones, acompañada de una invitación: poner la mirada en el Dios verdadero, cuya salvación es para todos. Leamos 45.14-25. A la vista de las naciones, la condición de Israel había cambiado. ¿En qué consistió este cambio? ¿De qué momento histórico está hablando el texto? ¿Qué produjo este cambio en las demás naciones? A diferencia de los falsos dioses, ¿qué les ofrece el verdadero Dios a las naciones? Los miembros de la iglesia somos el nuevo Israel: ¿Cómo actuamos en nuestro mundo: como un pueblo avergonzado, humillado, que lleva las de perder, o como un pueblo triunfante? Aunque seamos pocos, ¿qué elementos encontramos en el texto (y otros que queramos agregar) que nos ayuden a no colocarnos en una posición de inferioridad ante el mundo? ¿De qué manera proclamamos como congregación que Cristo es para *todos*?

Al leer los cap. 46 y 47 nos damos cuenta de que la advertencia e invitación a las naciones fue hecha en el momento justo, cuando la caída de los ídolos y de la poderosa nación no podía ser negada por nadie. Leamos el cap. 46. El dios Bel, llamado principalmente Marduk, era la más importante deidad de Babilonia. A Nebo se lo tenía por el dios del conocimiento, de la astronomía y de todas las ciencias. ¿Qué simboliza la caída de estos dioses? ¿Qué imagen de debilidad e inoperancia de los ídolos encontramos en el texto? En cambio, ¿qué es lo que siempre ha hecho Dios con su pueblo? Las consecuencias para una nación de confiar en falsos dioses están a la vista: de dioses incapaces, la consecuencia es un pueblo que se desploma. De dioses inmóviles, la consecuencia es un pueblo que no sirve para huir. De dioses fabricados con oro y plata, la consecuencia es un pueblo empobrecido, que hizo una mala inversión al poner su riqueza en algo que de nada aprovecha. ¿Hay personas que son una "pesada carga" en nuestra congregación? ¿Cuál debiera ser nuestra actitud para con ellas?. ¿Experimentamos en nuestra vida que Dios carga con nosotros?

El cap. 47 es una radiografía de lo que era la ciudad de Babilonia. ¿Qué verbos e imágenes sirven para marcar su sometimiento ante Ciro? ¿Cómo llegó a ser considerada en el concierto de las naciones? ¿Qué excesos había cometido como instrumento de Dios? ¿Cuál es el principal pecado por el cual se la acusa? De acuerdo al vr. 8, ¿hasta qué nivel llegó ese pecado? ¿En qué basó Babilonia su seguridad? Intentemos ahora hacer una radiografía de nuestra sociedad actual considerando los siguientes elementos:

El papel que juega el poder (mezclado muchas veces con la tiranía), las riquezas, el lujo, y la ciencia para el sentimiento de seguridad y de orgullo de un país y su gente.
La consulta cada vez más elevada a horóscopos, tarotistas, espiritistas, etc., para averiguar acerca del futuro y encontrar soluciones mágicas a los problemas.
La identificación de la mayoría de la sociedad con modelos insanos, violentos, corruptos.
La conducta de abusarse de la desgracia ajena, aprovechándose de su debilidad (competencia despiadada en muchos órdenes de la sociedad).

Si hemos encontrado coincidencias con la sociedad babilónica, ¿es mera coincidencia o qué? ¿En qué medida afectan los "valores" de nuestra sociedad a nuestra vida familiar y congregacional? ¿Qué mensaje y conducta necesita nuestra sociedad que le brindemos como iglesia?

Conclusión:
Como cristianos estamos llamados a no confundirnos, a no mezclarnos con la gente que no reconoce al verdadero Dios. Pero también estamos llamados a no dejarlos a tientas, sino a sacarlos de la oscuridad, así como nosotros fuimos sacados por Cristo del mismo lugar.

Pensamiento para la oración:
Demos gracias a Dios porque es nuestra roca verdadera sobre la cual edificamos. Pidamos que nos proteja de la influencia de aquellos que son contrarios a él y de sus "falsos dioses."

Lectura adicional sugerida:
Lucas 12.32-34; Deuteronomio 4.3-9

Isaías 48.1-19; 49.1-7 ⏵ Estudio 7

Tema: Propaganda en contra

Introducción:
Las veces que habremos escuchado "se salvó por un milagro". Al leer en el capítulo 48 de Isaías acerca de la condición del pueblo de Israel, uno no puede dejar de pensar en estas palabras. Ese milagro se llama paciencia, misericordia, Jesucristo, quien se encargó de levantar, reunir y animar a sus hijos en un pueblo llamado *iglesia*.

Desarrollo:
Dividimos este estudio en dos partes, de acuerdo a como se cita arriba. A la primera parte la trataremos en dos bloques. Leamos 48.1-11. Nuevamente nos encontramos con palabras duras para Israel, pronunciadas por Dios, que no tiene problemas para decirle lo que es, que le muestra con claridad y sin tapujos su pecado. ¿Qué vicios mantenía el pueblo en el uso que hacía del nombre de Dios? ¿Era perjudicial para Dios esta conducta? ¿En qué era perjudicial esta conducta para el mismo pueblo y para las demás naciones?. ¿En qué versículos nos apoyamos para responder a esta pregunta? ¿Qué es lo que Dios no puede tolerar? ¿En qué palabras notamos que Dios conocía muy bien a los suyos? La imagen del vr. 4 nos ilustra la condición de estas personas: sus cuellos eran como una barra de hierro, no querían "agachar la cabeza", eran sumamente duros para humillarse y someterse a su Señor. ¿Por qué creen ustedes que Israel era tan propensa a la idolatría? ¿Qué encierran, o qué otra cosa nos dicen las palabras que el pueblo de Dios acostumbraba decir, contenidas en la última parte del vr. 5? ¿A qué recurre Dios para contrarrestar este proceder?

A pesar de que había hecho muy poco como testigo de Dios, que más bien le había hecho propaganda en contra, éste le tiene paciencia y no lo destruye. ¿Cuál fue la causa, la fuente de esta paciencia? Como parte de su paciencia, Dios envía al destierro a los que invocaban su nombre. ¿Con qué fin lo hizo? ¿A quiénes le suele atribuir el pueblo latinoamericano muchas de las acciones de Dios? ¿A qué podemos recurrir como cristianos para marcar la verdad en estos casos? ¿Somos propensos en nuestra congregación a buscar el aplauso, a "llevarnos los laureles" que no nos corresponden? ¿Podemos mencionar algunos ejemplos?

En los vrs. 12-19 encontramos el contenido de las "cosas nuevas" que Dios anuncia en el párrafo anterior. Como algunas ya no son nuevas para nosotros (ver Estudio 5), nos detendremos en los aspectos que siguen.

Aparte de ser el primero y el último, el creador de cielos y tierra, ¿qué afirma Dios acerca de sí mismo? ¿Qué le aseguraba esto al pueblo? ¿Cuál es la tendencia actual: interesarse por lo verdadero, lo claro, o por lo misterioso, lo oculto, lo confuso?
De cuántas situaciones de la vida nos damos cuenta, muchas veces demasiado tarde, lo distintas y mejores que hubieran sido si... ¿Qué se perdió el pueblo de Israel? ¿Por qué se privó de tanta prosperidad? Aquí vemos la otra cara de las consecuencias que trae el no querer "agachar la cabeza" y atender los mandatos de Dios. Considere estas preguntas personales: ¿Considera que su vida puede ser mejor, más feliz, más próspera? ¿De quién depende que ese anhelo pueda hacerse realidad? ¿En qué debiera cambiar para no privarse de ser más feliz?

Sin Cristo, nada de lo *distinto* en nuestra vida puede llegar a ser *mejor*. En lo que sigue tenemos más detalles de Jesucristo, el "Siervo del Señor." Este es el segundo de los cuatro "cantos" que aparecen es esta sección de Isaías. Leamos 49.1-7 y consideremos lo siguiente:
El Siervo es elegido (vrs. 1 y 5) para algo muy importante. ¿En qué consiste su misión?
Se lamenta por los frutos que no ve (vr. 4). En los evangelios podemos leer: Mateo 23.37-39; Lucas 4.21-30; Marcos 7.6-7. ¿En qué encontraba estímulo y consuelo?
Su misión no se restringía a su propio pueblo, sino que fue puesto por luz de las naciones. En los evangelios podemos leer: Mateo 2.1-12; Marcos 7.24-30; Mateo 8.5-13; Juan 19.19-20.
¿Sabemos en la congregación cuál es nuestra misión? ¿Hasta dónde llega el campo de acción de nuestra congregación? ¿Hasta dónde debemos llegar? (Ver Hechos 1.8). ¿Qué podemos hacer para llegar más lejos?

Conclusión:
Como miembros del nuevo pueblo de Dios, también mostramos nuestra rebeldía, hipocresía y terquedad a través de pecados de omisión y de comisión. Como ayer, también comprobamos que Dios nos disciplina, nos perdona y nos llama para ser sus siervos, comprobamos que "no es en vano el trabajo que hacemos en unión con el Señor."

Pensamiento para la oración:
Demos gracias a Dios por su paciencia y salvación. Pidamos que nos mueva a abandonar aquello que nos priva del bienestar que tiene para darnos.

Lectura adicional sugerida:
Hechos 13.44-52

Isaías 49.8 – 50.1-3   ⏵ Estudio 8

Tema: Para toda la vida

Introducción:
¿Quién abandonó a quién? Con mucha facilidad solemos decir y escuchar "Dios me abandonó." Israel dijo exactamente lo mismo desde Babilonia. La condición en que se encontraba parecía darle la razón. Veamos cómo Dios se encarga de aclarar quién abandonó a quién.

Desarrollo:
Son dos las partes que claramente se distinguen en este párrafo bíblico:
1) 49.8-23 y 2) 49.24–50.1-3. Leamos con atención la primera.
Las imágenes contrapuestas están enfatizando que lo que ocurrirá será muy importante, que el tiempo favorable del Señor para su pueblo está llegando: lo arrasado será reconstruido; los presos quedarán libres, las montañas serán niveladas; los dispersados serán reunidos; la "abandonada" quedará desbordada de habitantes, la estéril se asombrará de la cantidad de hijos que tiene; la humillada será reconocida por las naciones. ¿Qué milagros ocurrirán en el camino de regreso a Israel? ¿De qué manera se pone de manifiesto que la dispersión del pueblo había sido realmente considerable? ¿Hacia qué punto geográfico se traslada ahora la atención del texto? ¿Con qué compara Dios el amor que tiene por Jerusalén? ¿Qué milagros ocurrirán en la ciudad? ¿Con qué palabras se expresa la importancia que Dios le concedía a Jerusalén? Son notables los cambios que ocurrirán en Jerusalén y en el pueblo de Israel, de acuerdo a esta profecía. Dios les está diciendo que, aunque ellos se sienten abandonados, olvidados por él, la realidad está mostrando justamente lo contrario.
A partir de este texto, y durante los próximos capítulos, el centro de atención se traslada a Jerusalén, a quien también se la llama Sión. Es el lugar geográfico que más veces se menciona en estos 15 capítulos.
¿Qué podemos aprender de la experiencia de este pueblo cuando nos sentimos abandonados hasta por Dios? ¿Confiamos en que nuestra suerte puede cambiar, en que Dios puede reconstruir aquello que se ha roto en nuestra vida?

Aunque el éxodo todavía no se produjo, con lo que leímos recién, parece que ya se estuviera viviendo. Pero leamos la segunda parte de este estudio, 49.24 – 50.1-3, y veamos qué elementos aparecen. ¿Cuáles eran las dudas que le quedaban al pueblo de Dios para vivir el éxodo? ¿Con qué frase podrías resumir lo que Dios les dice a los que dudan de su poder? En la primera parte, se decía que el Señor había abandonado y olvidado a su pueblo (49.14). ¿De qué se lo acusa en ésta? ¿Cómo demuestra el Señor que estas acusaciones carecen de fundamento? Dios tenía sobrados motivos para extenderle a Israel una carta de divorcio o venderlo como esclavo, pero sabemos que eso no ocurrió. ¿Qué razones hicieron que Dios no tomara esas medidas? ¿Qué característica de Dios se destaca aquí?

Ya perdimos la cuenta de las veces que hemos confesado, junto a nuestros hermanos en la fe, "Creo en Dios Padre *todopoderoso.*" Pero, ¿no nos ocurre lo que a aquel pueblo, que muchas veces creemos que su mano es demasiado corta para salvar? ¿Qué lecciones nos da Dios, en este texto, a los que vivimos en matrimonio? Cuando hay problemas serios en la vida matrimonial, ¿nos sirve de algo asumir el rol de "víctimas"?

Conclusión:

Después de leer acerca de los detalles de la caída de los opresores, del retorno, de la reconstrucción de Jerusalén, uno puede llegar a decir: demasiado bondadoso ha sido Dios con un pueblo que ni lo esperaba cuando vino a salvarlo (50.2). Pero antes de hablar, veamos cómo actuó con nosotros: "pero cuando el pecado aumentó, Dios se mostró aún más bondadoso. Y así como el pecado reinó para traer muerte, así también la bondad de Dios reinó para librarnos de culpa y darnos vida eterna mediante nuestro Señor Jesucristo" (Romanos 5.20b-21). Siempre es bueno pensar antes de hablar.

Pensamiento para la oración:

Demos gracias a Dios por el inmenso amor que nos ha regalado en Cristo y del cual no somos merecedores. Incluya las peticiones que considere necesarias.

Lectura adicional sugerida:

Salmo 137

Isaías 50.4 – 51.1-8 ⮕ Estudio 9

Tema: El Siervo sufriente

Introducción:
El sufrimiento genera reacciones dispares entre la gente. Nadie lo quiere, y en esta cultura en la que "el dolor no está permitido", se lo soporta cada vez menos. El párrafo bíblico del presente estudio aborda este tema. Rogamos a Dios que nos dé claridad para poder sobrellevarlo con firmeza y esperanza.

Desarrollo:
Nuevamente se escucha la voz del "Siervo del Señor". Estamos ante la presencia del tercer "canto", cuyos límites son los vrs. 4 y 9. Igualmente, los invito a que leamos con atención los vrs. 4-11, y a que consideren lo siguiente:
Jesús es caracterizado por tener una lengua obediente para consolar o apacentar a los cansados, y un oído dispuesto a recibir la revelación de Dios (vrs. 4-5). En los evangelios podemos leer: Mateo 11.25-30; Juan 8.26-30. ¿Qué otros pasajes de los evangelios podemos aportar, que describan estas características de Jesús?
De una manera muy viva ya comienzan a detallarse los sufrimientos de Jesús (vrs. 6-7). En los evangelios podemos leer: Marcos 14.65; Mateo 27.26-31. ¿Cuál es la actitud del Siervo ante el maltrato que sufre? ¿Con qué seguridades contaba a la hora de enfrentar el sufrimiento?
¿Por qué está tan confiado el Siervo en que no encontrarán nada en su contra ni podrán condenarlo? (vrs. 8-9). Gracias a la obra del Siervo, acusar y condenar a los que están en Cristo es una empresa condenada al fracaso. En el Nuevo Testamento podemos leer: Romanos 8.31-39.
¿Cómo es nuestro comportamiento cuando sufrimos? ¿Qué nos hace falta para no desesperar o no renegar cuando nos toca sufrir? ¿En qué nos ayuda el recordar y confiar que Dios está cerca y a nuestro lado?

Los vrs. 10-11 están muy relacionados con nuestro "canto." ¿Qué exhortación encontramos en el vr. 10 y a quién va dirigida? ¿Cuál es la suerte para aquellos que rechazan al Siervo, apoyándose en ellos mismos?

Las palabras de consuelo y aliento van dirigidas ahora a los cansados de Israel, que todavía están cautivos en Babilonia. Leamos 51.1-8. En primer lugar, ¿hacia adónde dirige Dios la mirada o atención de su pueblo? Si la situación actual del pueblo era difícil, los comienzos del mismo lo fueron todavía más. No eran muchos como ahora, sino que el pueblo estaba reducido a solo un par de ancianos. Pero esperaron y no tuvieron miedo, y fueron multiplicados. Si hacemos una mirada retrospectiva en nuestra vida, ¿qué progresos podemos apreciar? ¿En qué notamos que nuestra congregación está progresando?

Seguimos avanzando en nuestro texto. ¿Qué contrastes podemos descubrir en los vrs. 6-8? ¿Por qué esta realidad sería de gran consuelo para el Israel cautivo en Babilonia? Estas palabras, a la vez de ser de consuelo para nosotros, son un llamado de atención. El orden actual de cosas también está llamado a desaparecer, y junto con él, perecerán los hombres que despreciaron la justicia de Dios. Por eso, de nada vale el afanarse en esta vida por tener cada vez más cosas y rechazar los valores eternos que tienen su fuente en el Dios eterno. ¿Es nuestra escala de valores un reflejo de la realidad que Dios nos presenta en estos versículos? La tentación de sobrevaluar las cosas materiales es muy fuerte en la actualidad. ¿Qué ejemplos podemos mencionar que muestran que fuimos vencidos por esta tentación? ¿Nos toca soportar insultos y burlas por causa de nuestra fe? ¿Cómo nos ayuda este texto a enfrentar las burlas y los insultos?

Conclusión:

Sabido es que hay muchas maneras de sobrellevar el sufrimiento. El ejemplo que nos ha dejado el Siervo del Señor nos inspira a sobrellevarlo con esperanza y firmeza. Con esperanza, porque sabemos que la fuente del sufrimiento ha sido vencida por el Siervo, y por lo tanto, el sufrimiento es pasajero. Además, la recompensa que nos espera será el crecimiento y la fortaleza en la fe. Con firmeza, porque sabemos que, en esos momentos, el Señor está a nuestro lado.

Pensamiento para la oración:

Demos gracias por el Siervo del Señor, Jesucristo, porque voluntariamente se sometió al sufrimiento en nuestro lugar. Pidamos que su ejemplo nos inspire a sobrellevar nuestros sufrimientos.

Lectura adicional sugerida:

Jeremías 17.14-18; Salmo 21

Isaías 51.9 – 52.1-10   ⮕ Estudio 10

Tema: Es hora de despertar

Introducción:
Seguramente conocemos muchas historias de naciones que resurgieron de sus escombros, de sus cenizas, luego de alguna de las tantas guerras que ya hubo durante este siglo. Jerusalén y sus habitantes pasaron por una experiencia parecida. Apreciemos aquí un detalle que en la mayoría de estos casos es pasado por alto: quién es el autor de este resurgimiento.

Desarrollo:
Les propongo que leamos el párrafo arriba señalado de manera completa, y que lo tratemos en tres secciones, cada una de las cuales comienza con las palabras "despierta, despierta." El primer llamado a despertar está dirigido a Dios mismo. Aquel que nunca duerme, que nunca deja de trabajar, permite que se lo llame a despertar, a desplegar su poder como lo hizo antaño. Todo comienza a verse con mayor claridad; en este caso, la certeza de que sólo Dios tiene el poder para dar libertad. ¿A qué obras, realizadas en el pasado por el brazo del Señor, se hace referencia aquí? ¿Qué hará posible ahora el brazo del Señor? ¿Con qué evento importante es comparado el regreso a Sión? Observando los hechos de Dios a favor de los hombres a través de la historia, nuestra confianza y esperanza en él se va alimentando. ¿De qué obras de Dios se acuerdan ustedes en situaciones límites de la vida?

Desde el vr. 12 al 16, el que toma la palabra es Dios. ¿Qué es lo que persigue con este mensaje que dirige a su pueblo? Notemos aquí las distintas maneras de ver a los *mismos* hombres: Dios los ve como hierba; y dependientes de las circunstancias, el hombre ve a los hombres como iguales, o más poderosos o más débiles que él. Si los hombres nos hacen sufrir, ¿en qué nos ayuda el verlos desde el punto de vista de Dios? Por más fuerza política, económica o física que tengan algunos, ¿por qué *no* debemos tenerles miedo según lo que encontramos en los vrs. 12-16?

El segundo llamado (vrs. 17-23), está dirigido a Jerusalén, cuya penosa realidad había llegado hasta lo que se describe en el vr. 23. La copa que tuvo que beber le cayó muy mal. ¿Cuáles son todas las consecuencias que le produjo? ¿Con qué se compara el efecto que le produjo la copa de la ira de Dios a Jerusalén? ¿Con qué palabras está marcando Dios el fin del cautiverio de Israel y de la aflicción de Jerusalén? ¿Por qué motivo le es pasada a Babilonia la copa de la ira de Dios? En la noche de Jueves Santo

Jesús oró: "Padre, si quieres, líbrame de este trago amargo" (pasa de mí esta copa, según otras versiones) (Lucas 22.42). Fue voluntad del Padre no pasarla. Por ello, pudo ser pasada la copa de este pueblo. Por ello, nosotros nos vemos libres de tragos verdaderamente amargos.

El tercer "despierta" está dirigido también a Jerusalén, y comienza de la misma manera que 51.9. Llega la hora de la liberación y hay que *prepararse* para esta ocasión tan esperada. ¿Qué acciones se le pide realizar a Jerusalén, en este sentido, en los versículos 1-2? Veamos ahora el vr. 3: ¿qué relación le encuentran con 50.1? ¿Qué consecuencias para la fama del Señor hubo durante los procesos de opresión del pueblo de Israel? ¿Qué resultado produce la *salvación gratuita* de Dios en su pueblo elegido? Después de haber respondido estas preguntas, disfrutemos de los festejos que se desprenden de esta buena noticia proclamada a viva voz: "nuestro Dios nos ha salvado" (52.7-10).
En qué aspectos del trabajo eclesiástico notan que la congregación de ustedes debe *despertar?*

Conclusión:

Lo que el pueblo merecía, eso recibió: la copa de la ira de Dios. Pero Dios prueba que es verdaderamente bueno y que ama a sus hijos. Por eso, lo que el pueblo *no* merecía, eso recibió y sin que le cueste nada: la salvación, la libertad. ¿Qué hemos recibido nosotros de Dios? ¿Cuánto nos ha cobrado?

Pensamiento para la oración:

Demos gracias a Dios porque nos perdona de nuestros pecados y nos restaura sin cobrarnos nada. Pidamos que Dios siempre nos mantenga despiertos para hacer su voluntad.

Lectura adicional sugerida:

Ezequiel 37.1-14

Isaías 52.13 – 53.1-12   ⇒ Estudio 11

Tema: Un siervo que escapa a nuestra lógica

Introducción:
Cuando nos toca de cerca, muchas veces nos hemos preguntado para qué sirve la muerte. Para qué si no para producir dolor, luto, sufrimiento, desgarro interior, llanto, y tantas otras cosas. Vamos a leer ahora acerca de una muerte que sirvió para algo mucho más grandioso; especialmente que *nos* sirvió a todos nosotros.

Desarrollo:
Leamos con atención las palabras de este último "canto del Siervo del Señor." Si es posible, hagamos una lectura comparativa con alguna otra versión de la Biblia que tengamos. Como ocurre en muchísimas películas, este canto comienza por el final; comienza y termina con palabras de exaltación acerca del Siervo. ¿A qué etapa de la vida de Jesús hace referencia Isaías 52.13-15? ¿Con qué párrafo del Nuevo Testamento podemos relacionarlo?

El capítulo 53 comienza con una pregunta que se hace el profeta: "¿quién dio crédito a nuestra noticia?" (Biblia de Jerusalén). Esta pregunta hará de punta del ovillo que vamos a desenmarañar a continuación. Pero antes, respondamos estas cuestiones: ¿Qué milagro, o hecho sumamente curioso encuentran en el vr. 2? ¿Qué términos utiliza Isaías para describir el sufrimiento del Siervo? ¿A quiénes favorece la acción del Siervo?

¿Quién dio crédito...? Lo lógico es que nadie busque lo bueno en medio de gente con corazones áridos para todo lo relacionado con Dios. Pero ocurre algo sorprendente, hasta sobrenatural: en ese mundo árido hunde sus raíces Jesús, Dios hecho hombre. Según el texto, ¿hasta qué punto se identificó Jesús con el ser humano?

¿Quién dio crédito...? Lo natural es que un salvador sea poderoso, afamado, tenga buena presencia, y combata al dominador con la misma violencia con que dominó. Pero, ¿qué dice Isaías acerca del poderío y del aspecto físico del Siervo Salvador? En lo tocante al desprecio que sufrió, podemos leer: Juan 7.1-9; 10.22-39; 11.45-57.

¿Quién dio crédito...? Lo sensato es que el culpable sea castigado y cargue con las consecuencias de su delito, por más pesadas que éstas sean. Si coincidimos en esto, entonces, lo sensato es que nosotros hayamos *pagado* con *nuestra vida* por el delito de revelarnos contra Dios. Pero, ¿qué es lo que leemos en los vrs. 4-6? (Como nota al margen: estos versículos son la estrofa central del canon bíblico hebreo. En lugar de decir ¿casualidad?;

preferimos rescatar este mensaje: alrededor de la cruz está construida la Escritura). Así se describe en estos versículos el padecimiento de Jesús en la cruz. Nos encontramos con una muerte que sirvió, que nos sirvió para que tengamos vida, para que seamos aliviados del peso de la culpa que por nuestros pecados soportábamos. Cristo, con su muerte, no nos quitó la posibilidad de cometer pecado, nos quitó la culpa del mismo, lo vació de contenido y le quitó el poder para condenar.

¿Quién dio crédito...? Lo lógico es que quien se las dé de salvador, tenga con qué defenderse a la hora de ser maltratado, falsamente acusado y torturado. Pero, ¿qué es lo que leemos en los vrs. 7-9? En el sacrificio, Jesús ocupó el lugar del cordero y del sumo sacerdote que ofrecía y ejecutaba el sacrificio. En el evangelio podemos leer: Mateo 27.26-31; 39-44; 50-51.

¿Quién dio crédito...? Lo lógico es que nadie, y menos un dios, actúe en su contra para favorecer a otros. Pero, ¿qué leemos en la primera parte del vr. 10? En el evangelio podemos leer: Marcos 15.33-39.

Habremos comprobado que Dios no se circunscribe en ninguna lógica humana. En la persona del Siervo, Dios estaba haciendo *justicia*, castigando al inocente por el hombre culpable. Por fe, *dimos crédito a esa noticia*, y hoy, vivimos de sus frutos y adquisiciones. ¿Qué resultados del sufrimiento y muerte del Siervo encontramos en los vrs. 10-12?

Conclusión:

Desde diferentes puntos de vista, el profeta no se cansa de repetir el mismo hecho: el Siervo del Señor, *sustituyó* a los hombres, eligió llevar sobre sí nuestras culpas y soportar nuestro castigo. Por lo tanto, aquellos que confiamos en él, cambiamos nuestra culpa por *su* justicia, nuestro castigo por *su* absolución.

Pensamiento para la oración:

Demos gracias a Dios por Cristo el cual sufrió lo que nos correspondía a nosotros. Pidamos por todas aquellas personas que, por la aridez de su corazón, aún no disfrutan de los beneficios que nos trajo el sufrimiento del "Siervo del Señor."

Lectura adicional sugerida:

1 Pedro 2.24-25; Hebreos 7.26-27; Apocalipsis 5.9-13

Isaías 54.1 – 55.11   ⟹ Estudio 12

Tema: Un pacto de gracia para todos

Introducción:
Las palabras pacto, alianza, son palabras que suenan mucho hoy en día, fundamentalmente en el ambiente empresarial y gubernamental. El pacto del que vamos a leer hoy, tiene su raíz en Dios, y fue hecho con Abraham (Génesis 12.1-3; 15.1-21), y con David (2 Samuel 7.1-17). A diferencia de los pactos de hoy, donde siempre hay obligaciones de ambas partes; en éste, sólo Dios asume una obligación: se compromete ante el hombre pecador a darle salvación.

Desarrollo:
Leamos en primer lugar el capítulo 54 y detengámonos en los vrs. 1-10. ¿A quién se está refiriendo Dios cuando habla de la mujer estéril, viuda y abandonada? ¿A qué y a quién se debe la condición en la que se encuentra? Desde cada situación en que está su ciudad amada (estéril, viuda, abandonada), anotemos todos los cambios que Dios promete que ella experimentará. ¿Qué características tiene la *alianza* de Dios con los suyos? Para responder a esta pregunta, tengamos en cuenta el juramento que hizo en días de Noé, como también las cualidades de Dios que rodean al término *alianza*. ¿Por qué podemos decir que nosotros también somos beneficiarios de la promesa y alianza del vr. 10?

Habremos apreciado que existen motivos de sobra para que Jerusalén le responda a Dios dando gritos de alegría, aunque todavía se encuentre en ruinas.

Prestemos atención a lo que queda del capítulo 54, los vrs. 11-17. Teniendo en mente a la ciudad azotada, estéril, viuda y abandonada, ¿en qué es transformada por Dios? ¿Qué podemos decir acerca de su estructura y de los materiales utilizados? ¿Con qué privilegios cuentan sus habitantes? ¿Qué se nos dice de la seguridad de los ciudadanos? Para discutir: la descripción de la ciudad se acerca mucho a la de la Jerusalén celestial que aparece en Apocalipsis 21.2-27, especialmente los vrs. 18-21. En nuestro caso, ¿se está refiriendo el profeta a una Jerusalén terrenal o celestial? Un elemento a tener en cuenta: sus habitantes pueden ser atacados, aunque jamás vencidos. Otro elemento: ¿en qué nos puede servir Romanos 8.28-39 para dilucidar la cuestión?

Leímos acerca de una construcción formidable, imponente. Hablemos un poco del edificio material de nuestra congregación: ¿qué imagen estamos dando a través de él a quien lo observa? Referente a los privilegios con que contamos por ser habitantes de la nueva Jerusalén, la iglesia, ¿aprendemos las lecciones que Dios nos enseña? ¿Qué importancia le brindamos al ministerio educativo en nuestra congregación? ¿Reflejamos como congregación la justicia de Dios que anunciamos?

Del capítulo 55 vamos a leer los vrs. 1-11. Dios está ofreciendo, de manera *gratuita* a su pueblo, alimentos deliciosos y verdaderamente buenos. ¿Qué están simbolizando los alimentos mencionados? Las valiosas posesiones que hemos mencionado en respuesta a la última pregunta, son para todos aquellos que participan de la alianza eterna hecha por Dios con su pueblo. Ya hemos visto, en este mismo estudio, cuáles son las características de esta alianza (algunas de ellas retomadas aquí, en los vrs. 6 y ss). Consideremos ahora lo siguiente: ¿En quién se cumplen definitivamente las promesas de esta alianza? ¿Como qué fue puesto por Dios aquel que da cumplimiento al pacto eterno?

Tenemos un Dios tan misericordioso que nos otorga su salvación sin cobrarnos nada, como un regalo. Sin embargo, hay muchas personas que no escuchan a Dios y *pagan* a cambio de lo que no es pan, y de lo que no deja satisfecho. ¿Por qué movimientos y corrientes filosóficas está pagando hoy la gente en busca de salvación?

Conclusión:
Con todo lo que hemos analizado de estos dos capítulos, resaltan las diferencias entre el hombre y Dios. El primero aparece asociado a la esterilidad, la vergüenza, los escombros, la sed, la necesidad de salvación, el pecado, la pequeñez. El segundo, al poder, al amor eterno, a la restauración, la protección, la salvación gratuita, el perdón, la grandeza.

Pensamiento para la oración:
Demos gracias a Dios porque es fiel a pesar de nuestra infidelidad. Pidamos que nos dé constancia en el estudio de su Palabra, y que sus frutos permanezcan en nuestras vidas.

Lectura adicional sugerida:
Salmo 122; Romanos 5.1-11

Isaías 48.20-22; 52.11-12; 55.12-13 ⇒ Estudio 13

Tema: ¡Salgan ya!

Introducción:
Cuando uno tiene que mudarse y comienza a embalar sus pertenencias, se da cuenta de la cantidad de cosas inútiles que fue amontonando con el correr de los años. El éxodo del pueblo de Dios fue una oportunidad para desprenderse de todo lo inútil y perjudicial que Babilonia le había suministrado. Leyendo con atención los textos de este estudio, apreciaremos que ésta fue una tarea difícil, como cuando nos toca mudarnos.

Desarrollo:
En 50.10-11, párrafo perteneciente al estudio anterior, se hace alusión a la eficacia de la palabra de Dios. La salida de Babilonia, el retorno a la tierra de Judá, es una prueba concreta en la vida de este pueblo de esta gran verdad. Los tres párrafos que tenemos para leer en esta oportunidad, están relacionados por el verbo *salir*. Dios lo había adelantado en muchísimas ocasiones, Ciro se encargó de firmar el decreto, y el pueblo se puso en marcha hacia su casa que lo estaba esperando arrasada y en ruinas. Echémosle un vistazo a los tres textos: ¿Cuáles son todas las conexiones que encontramos con el éxodo anterior, el de Egipto? ¿Qué aspectos diferentes encontramos con aquel éxodo? ¿Qué referencias hay acerca de lo que ocurre durante el viaje hacia la tierra de Judá? ¿Qué referencias hay acerca de lo que ocurre una vez que están en su propia tierra? ¿Por qué Dios tuvo que "ordenarle" a su pueblo que *salga* de Babilonia?
Para hacer tan largo camino por el desierto, no fueron pocos los que emprendieron el viaje. Según consta en Esdras 2, el primer contingente que salió de Babilonia se componía de un total de 42.360 personas, sin contar a los esclavos y esclavas. Otros grupos partieron más tarde; y algunas familias se asentaron definitivamente en la tierra que había sido su cárcel. Para ser un pueblo libre en camino por el desierto, eran verdaderamente pocos. Por eso, para que se les crea hasta el extremo de la tierra, ellos decían: ¡El Señor ha libertado a Jacob su siervo! 48.20. El débil y pequeño se escapó del fuerte y grande, porque el Señor así lo había dicho.
Si recordamos de dónde estaba saliendo el pueblo, cuáles eran las características de aquellos que estaban quedando a sus espaldas (ver Estudio 6), notaremos que toma sentido el imperativo *a apartarse* con que comienza el segundo de los párrafos. Además de apartarse, ¿qué más se le pide al pueblo? Nuestro apego a personas de mala vida, ¿qué peligros puede acarrearnos? ¿A qué conductas ajenas a la voluntad de Dios estamos

acostumbrados? Cristo nos ha hecho *libres*. ¿Cómo ha modificado esta libertad nuestra relación con el pecado y el diablo, poderes que siempre quieren volver a esclavizarnos?

En el viaje, no sólo cargaron con sus pertenencias, sino también con las de Dios. Había personas especialmente apartadas para transportar los elementos del templo necesarios para el culto en el lugar de destino. ¿Qué les ocurre hoy a muchos miembros de la iglesia, que de zonas rurales se trasladan a grandes ciudades?

El viaje de regreso era con custodio incluido. ¿Qué elementos encontramos en los tres textos que nos digan que el peregrinar fue tranquilo y seguro? ¿Qué textos del Antiguo o Nuevo Testamento recordamos, en los que Dios nos promete estar siempre con nosotros y protegernos? ¿Recordamos estas promesas cuando "nuestro viaje" se hace difícil?

Finalmente, los peregrinos fueron recibidos con una calurosa bienvenida. De ella nos da cuenta 55.12-13. Una vez en casa, iban a ser testigos de la transformación de la tierra por tantos años descuidada y abandonada (vr. 13).

Por todo lo que vivió, este pueblo tiene muchos motivos para responderle a Dios con su fidelidad. Leyendo los libros de Esdras, Nehemías, Hageo, Zacarías y Malaquías, podremos averiguar cómo fue esta respuesta. ¿Lo hacemos?

Conclusión:
(Dejamos este espacio para que ustedes elaboren una conclusión de lo que significó el estudio de esta parte de la palabra de Dios).

Pensamiento para la oración:
Demos gracias a Dios por la libertad que nos ha dado en Cristo. Pidamos que nos haga crecer en esa libertad para que estemos cada vez más alejados de aquello que nos perjudica.

Lectura adicional sugerida:
Esdras 1